Armin Täubne

Fensterbilder, wenn es schneit

Frech-Verlag Stuttgart

Für eine gewerbliche Nutzung
der gezeigten Arbeiten ist
die Genehmigung des Verlags
erforderlich.

Materialangaben und Arbeitshinweise
in diesem Buch wurden vom Autor und
den Mitarbeitern des Verlags sorgfältig
geprüft. Eine Garantie wird jedoch
nicht übernommen. Autor und Verlag
können für eventuell auftretende Fehler
oder Schäden nicht haftbar gemacht
werden. Für eine Verbreitung des Wer-
kes durch Film, Funk, Fernsehen oder
Videoaufzeichnungen ist eine Genehmigung oder Lizenz des Verlags erforderlich. Das Werk ist urheberrechtlich
geschützt nach § 54 Abs. 1 und 2 UrhG.

Auflage:	5. 4. 3. 2. ..	Letzte Zahlen
Jahr:	1994 93 92 91 90	maßgebend

ISBN 3-7724-1375-7 · Best.-Nr. 1375

© 1990

frech-verlag

GmbH + Co. Druck KG Stuttgart
Druck: Frech, Stuttgart 31

In welchem Fenster hängt das schönste Fensterbild? Gerade in der Winter- und Weihnachtszeit wird überall ein neuer Schmuck in das Fenster gehängt und zieht Blicke auf sich.

Viele der vorgestellten neuen Ideen werden dem Vorübergehenden ein Schmunzeln entlocken. Der Weihnachtsmann, der ausgelassen einen Schneemann baut, oder das aus Schnee und Kohlen entstandene Paar, das fröhlich beim Tanz die Beine und Besen schwingt.

Tonkarton hat in seiner Beliebtheit nichts eingebüßt. Sie können mit seiner Hilfe alle Winterträume in Ihr Fenster holen, auch den Schnee, der sich in den letzten Jahren rar gemacht hat. Typische Winterszenen wie Schlittenfahrt, Schneemänner und verschneite Landschaften werden so zum Leben erweckt.

Schmücken Sie Ihre Fenster!

Armin Täubner

Ein Sack voll mit Geschenken

Zuerst den Weihnachtsmann in dieser Reihenfolge zusammenkleben: Auf den Rumpf das weiße Haar-/Bartteil (gestrichelt), das Gesicht (punktiert), den Schnauzbart (durchgezogene Linie), die Nase, die weißen Mantelsäume und die Stiefel (Strich-Punkt-Linien) kleben. Anschließend den Sack ausschneiden und mit den Geschenken füllen. Auf den weißen Rahmen den Tannenbaum, den Sack und schließlich den Weihnachtsmann kleben. Zum Schluß die beiden Päckchen anbringen.

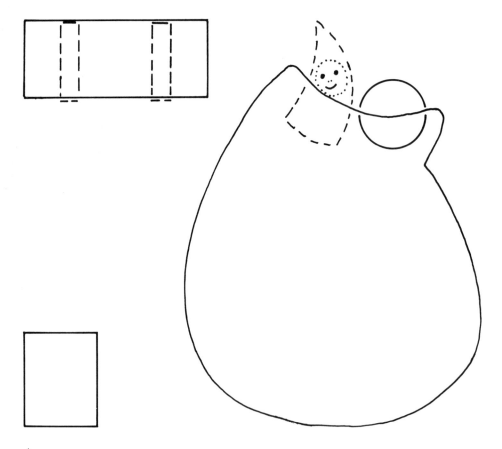

Wichtelweihnacht im Wald

Mit dem Cutter die weißen Tannenwipfel freilegen. Anschließend wird der grüne Weihnachtsbaum (gestrichelte Linie) in die Bildmitte geklebt und mit Kerzen verziert. Die Wichtel laut Vorlage ausschneiden und das Haar-/Bartteil und den Arm auf den Körper kleben. Baumstumpf, Sack und schließlich die Wichtel befestigen.

Der Weg ist noch weit

Aus rotem Kabel den Umriß von Weihnachtsmann und Sack ausschneiden (durchgezogene Linie). Bis auf den Stock, die Bodenplatte, den Teddy und den unteren Mantelsaum sämtliche Teile doppelt ausschneiden und auf Vorder- und Rückseite ankleben. Zuerst das Gesicht (punktierte Linie), darauf das Haar-/Bartteil (gestrichelte Linie) und den Sack (punktierte Linie) fixieren. Mit dickem schwarzem Filzstift die Stiefel und den Gürtel einfärben. Nun den angewinkelten Arm, die Manteltasche und die weißen Mantelsäume anbringen. Den Weihnachtsmann auf die Schneefläche kleben und den Wanderstock fixieren. Der Stock wird an der Hand durch die beiden aufgeklebten Fingerteile (gestrichelte und punktierte Linie) teilweise verdeckt. Teddy und einige Päckchen von hinten in den Sack kleben. Die Rückseite analog zur Vorderseite gestalten.

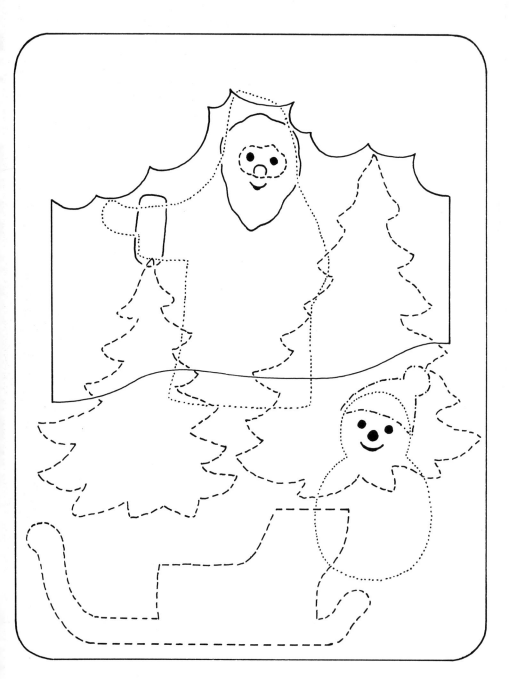

Na, wie finden Sie meinen Schneemann?

Aus dem weißen Rahmen mit einem Cutter und einer Nagelschere die Öffnung herausschneiden (durchgezogene Linie). Weihnachtsmann und Schneemann ausschneiden, zusammenkleben und mit rotem und schwarzem Filzstift die Gesichter aufmalen.
Auf den Rahmen werden die verschiedenen Teile in folgender Reihenfolge aufgeklebt: große Tanne, Weihnachtsmann, Schneemann, Schlitten, kleine Tanne.

Über den Wolken

Den Rahmen einschließlich der Wolken mit dem Cutter und der Nagelschere ausschneiden und mit weißem Transparentpapier hinterkleben. Der Engel besteht aus vier Teilen: Auf den weißen Körper (gestrichelte Linie) wird zuerst das Gesicht (durchgezogene Linie), dann das Haar und anschließend die Hand geklebt.

Wir sausen den Berg hinab

Die Rahmenkonturen einschließlich der Tanne auf weißen Karton übertragen und nachschneiden. Von den Wichteln werden Schablonen angefertigt. Haar-/Bartteil und Arm müssen jeweils doppelt ausgeschnitten und beidseitig befestigt werden. Die zusammengeklebten Wichtel wie auf dem Bild am Rahmen befestigen.

Am Himmelstor

Aus dem Torbogen werden mit dem Cutter die Torflügel herausgeschnitten. Den geöffneten Bogen mit Transparentpapier hinterkleben. Die Wolke schneidet man am besten mit der Nagelschere aus. Auf die Wolke nun das Tor samt den geöffneten Torflügeln kleben. Die Sterne und die Scharniere fixieren. Vom Weihnachtsmann werden bis auf den Mützenpompon und die weißen Ärmelsäume alle Teile nur einmal benötigt.

Auf zur Schlittenfahrt

Die Konturen von Rahmen, Baum und Wolken (durchgezogene Linie) auf weißen Karton übertragen und mit dem Cutter herausarbeiten. Die großen Flächen erst zum Schluß ausschneiden.

Sitzendes Mädchen:
An der Hose (durchgezogene Linie) von hinten den Stiefel (gestrichelte Linie) ankleben. Darauf den Pullover (gestrichelte Linie) kleben. Von hinten den Handschuh (punktierte Linie) und das zweite Pulloverteil fixieren. Den Kopf (durchgezogene Linie) an den Rumpf legen und beides durch die beidseitig aufgeklebten Haare (punktierte Linie) verbinden. Abschließend die Mütze (gestrichelte Linie) befestigen. Das Mädchen zwischen die beiden Schlittenteile kleben.

Ziehendes Mädchen:
Zwischen die beiden Mantelteile die Beine kleben. Die Stiefel werden nur einmal benötigt, weil sie auf der Rückseite nicht sichtbar sind. Nun den Kopf (durchgezogene Linie) anlegen und durch die beidseitig aufgeklebten Haar- und Mützenteile (gestrichelte Linie) mit dem Mantel verbinden. Auf Vorder- und Rückseite die Ärmel und schließlich die Handschuhe mit dem dazwischengeklebten Faden anbringen. Kinder, Katze und Vögel am Fensterbild ankleben.

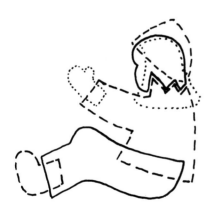

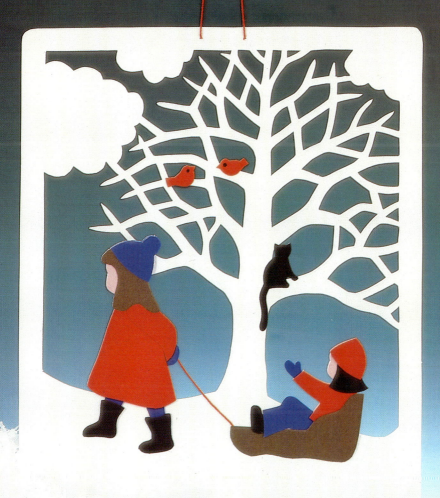

Warum weinst Du?

Von allen Teilen Schablonen herstellen. Aus Tonkarton Wolke, Schneefläche und Hut doppelt, alle anderen Teile einmal ausschneiden. Am Rahmen auf Vorder- und Rückseite deckungsgleich Wolke und Schneefläche befestigen. Am Schneemann ebenfalls beidseitig den Hut ankleben. Augen, Mund, Tränen und Kohlenknöpfe mit einem dünnen, schwarzen Filzstift aufzeichnen. Schneemann, Stock, Vögel und Hase samt Möhre aufkleben.

Tanz im Winter

Schablonen von sämtlichen Teilen herstellen. Bis auf die Kopfbedeckungen, die Haare und die Besenborsten alle Teile nur einmal ausschneiden. Vom Schal wird auf der Rückseite nur der Halsring benötigt (gestrichelte Linie). Augen und Mund mit schwarzem Filzstift aufmalen. Die Nase der Schneefrau mit Filzstift rot einfärben, da sie direkt mit dem Kopf verbunden ist.

Hier kommen noch ein paar Geschenke

Außer dem blauen Rahmen werden sämtliche Teile doppelt benötigt. Aus dem blauen Karton zunächst das Fenster in der unteren Bildhälfte herausschneiden. Beidseitig werden nun die Schneefläche (gestrichelte Linie), die Wolke, der Mond und die Sterne aufgeklebt. Den Weihnachtsmann ebenfalls doppelt ausschneiden, zusammenkleben und mit einem Sack auf den Wolken auf Vorder- und Rückseite befestigen. Beim Ausschneiden des Schlittens mit dem Cutter zuerst die Innenfläche entfernen, die übrigen Schneidearbeiten mit der Schere ausführen. Die Päckchen auf dem Schlitten mit Filzstift verzieren. Den Hasen beidseitig aufkleben. Auf beiden Seiten einen Faden unter die Hand des Weihnachtsmannes kleben, an den der deckungsgleich befestigte Sack gebunden ist.

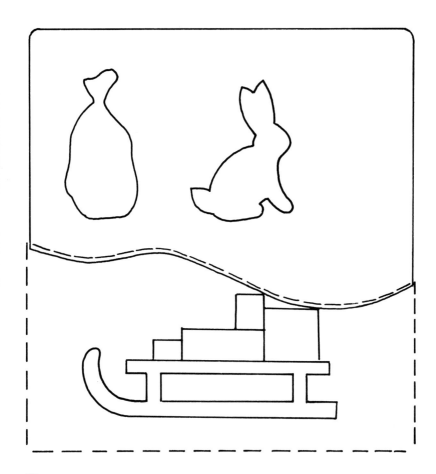

Ein kleines Nickerchen

Der weiße Rahmen wird mit Transparentpapier hinterklebt. Von vorne wird der Sessel an der rechten Seite und am Rahmenboden fixiert. Bevor der Weihnachtsmann im Sessel Platz nehmen kann, muß er zusammengeklebt werden. Nun müssen nur noch der Sack und die Mütze angebracht werden.

Das hier ist für dich

Den Rahmen, einschließlich der Tannen, mit dem Cutter oder der Schere ausschneiden und eventuell mit weißem Transparentpapier hinterkleben. Am Körper des Weihnachtsmannes zuerst das Haar-/Bartteil, dann das Gesicht und den Schnauzbart mit der Nase sowie die beiden Ärmelsäume ankleben. Mit schwarzem Filzstift die Augen und die Schuhe auf- bzw. bemalen. Weihnachtsmann, Hase und Heubüschel wie auf dem Foto anordnen und fixieren.

Rotes Häuschen im Winterwald

Mit dem Ausschneiden des Rahmens beginnen. Zuerst die Innenfläche (durchgezogene Linie) mit dem Cutter herausschneiden und den äußeren Rand mit der Schere nacharbeiten. Nun die rote Hauswand samt Türen und Fenstern sowie den Schornstein fixieren. Anschließend werden die beiden Baumgruppen befestigt. Zum Schluß mit Bleistift die Fußspuren, die zum Haus führen, aufzeichnen. Sie werden zum Haus hin immer kleiner.

Hallo, hier bin ich

Die Innenfläche des Rahmens (durchgezogene Linie) mit dem Cutter herausschneiden. Anschließend den Außenrand des Rahmens mit der Schere nachschneiden. Am Körper des Weihnachtsmannes zuerst das weiße Haar-/Bartteil, dann das Gesicht, den Schnauzbart mit der Nase und schließlich die beiden Ärmelsäume ankleben. Augen und Nase mit Filzstift auf- bzw. bemalen.

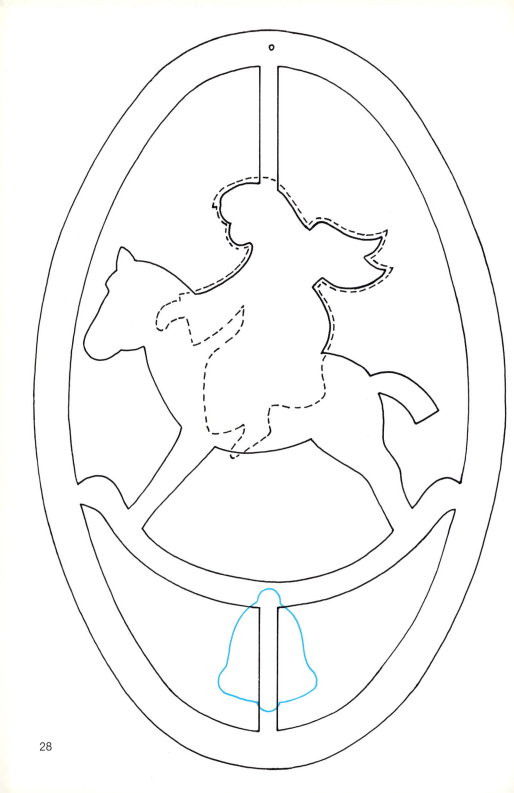

Auch Engel spielen gern

Schablonen vom Rahmen (durchgezogene Linie), vom Engel und von der Glocke herstellen. Die Umrisse werden auf roten und weißen Karton übertragen und mit dem Cutter und der Schere ausgeschnitten. Engel und Glocken deckungsgleich auf Vorder- und Rückseite des Fensterbildes ankleben.

Nur noch eine Kerze

Stern und Weihnachtsbaumständer doppelt ausschneiden und beidseitig am Weihnachtsbaum fixieren. Die beiden Wichtel mit dem Cutter ausschneiden und die Bärte ankleben. Nun die Wichtel in den Baum setzen und die zweiteiligen Kerzen anbringen.

Schwarz und Weiß

Aus grünem Karton den Umriß des Fensterbildes (durchgezogene Linie) ausschneiden. Die Schneeflächen vor das Haus und auf das Dach legen, aber noch nicht befestigen. Darunter das Bogenfenster sowie den roten Türrahmen (punktierte Linien) schieben und ankleben. Die grüne Tür und die Klinke ankleben. Zum Schluß den Schneemann und die Katzen anbringen.

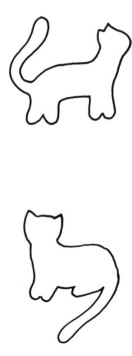

Im Sack ist für jeden etwas

Auf den weißen Rahmen, dessen Innenfläche mit Cutter und Nagelschere herausgeschnitten wird, Rumpf und Haar-/Bartteil des Weihnachtsmannes kleben. Nun den Arm samt Ärmelsaum fixieren. Den schneebedeckten Zaun mit den Vögeln sowie abschließend den Sack anbringen.

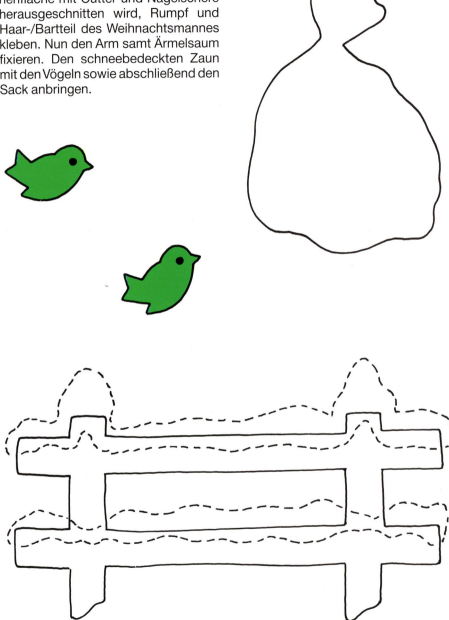

Tanzender Wichtel im Stechpalmenkranz

Fast alle Teile dieses Fensterbildes werden mit dem Cutter ausgeschnitten. Mit der Nagelschere eventuell die Rundungen korrigieren. Auf den Kranz zuerst die beiden Schleifen kleben. Nun die roten Beeren verteilen. Sterne und Wichtel an roten Fäden wie auf dem Foto am Kranz anknoten.

Eine tolle Schaukel

Die Innenfläche, die Aufhängeöse der Glocke sowie die Ösen der Schleife mit dem Cutter herausschneiden. Für jeden Wichtel müssen alle Teile doppelt ausgeschnitten werden. Am Rumpfteil (durchgezogene Linie) den Bart ankleben. Bevor ein Arm und ein Bein angeklebt werden, den Wichtel in der gewünschten Position auf den Glockenrand setzen. Nach dem Fixieren die übrigen Wichtelteile an der Rückseite gegenkleben. Arme und Beine leicht versetzt anbringen, damit sie von beiden Seiten teilweise sichtbar sind.

Soll ich Dir beim Tragen helfen?

Die Innenschnitte des grünen Rahmens mit dem Cutter ausführen. Mit der Schere den äußeren Rand des Rahmens ausschneiden. Nun die Schneefläche (gestrichelt) aufkleben. Weihnachtsmann, seine Begleiterin und Geschenksack auf dem Fensterbild anordnen und fixieren. Den Arm des Schneemanns erst zum Schluß ankleben.

Ich bin der Größte

Die Tannengruppe auf den weißen Rahmen kleben. Darauf den Schneemann befestigen, dabei bereits vorher den Besen fixieren. Gesicht und Knöpfe mit Filzstift aufmalen. Abschließend den Wichtel auf den Schneemannkopf kleben.

Eine himmlische Schlittenfahrt

Nach dem Ausschneiden zunächst den Weihnachtsmann und die beiden Pferde zusammenkleben. Zuggeschirr und Schweif sind bei beiden Pferden gleich. Nun wird der Weihnachtsmann von vorne, die beiden Säcke von hinten am Schlitten angeklebt. Zum Schluß Schlitten und Pferde auf der Winterlandschaft anordnen und fixieren.

Aus dem weißen Rahmen mit dem Cutter die Innenfläche herausschneiden. Nun Tanne und Sack fixieren. Den Weihnachtsmann zuerst zusammenkleben und, gegen den Sack gelehnt, am Fensterbild fixieren.

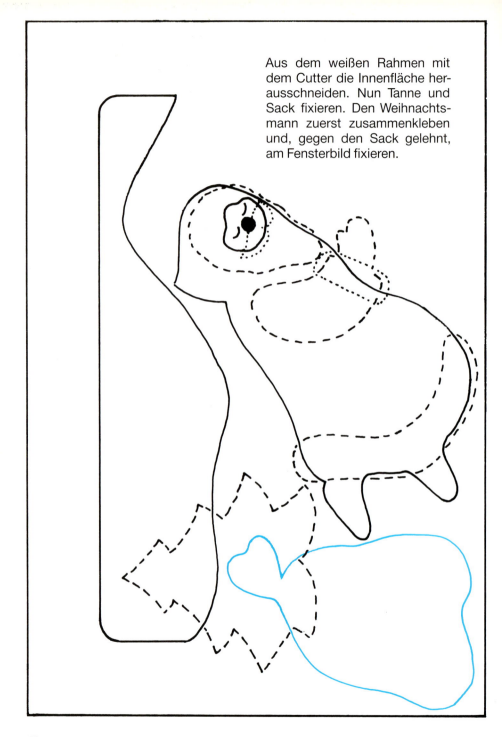

Auf den weißen Rahmen zuerst die beiden Tannen kleben. Anschließend den Schlitten mit den Schneemännern sowie den Wichtel befestigen.